Andrée VIOLLIS

LORD Northcliffe

Journaliste à 15 ans. — Directeur de journal à 20 ans. — Propriétaire de 60 journaux à 40 ans. — Le « Napoléon de la Presse ». L'homme d'affaires. — L'administrateur. — Le patriote. —

PRIX : **0** fr. **75**

LIBRAIRIE BERNARD GRASSET
Rue des Saints-Pères, 61, PARIS

Lord Northcliffe

ANDRÉE VIOLLIS

Lord Northcliffe

PARIS

LIBRAIRIE BERNARD GRASSET

61, RUE DES SAINTS-PÈRES, 61

MCMXIX

LORD NORTHCLIFFE

Une force de la nature... ou de la science

Dans un salon où se trouvaient réunis plusieurs représentants des Alliés, un Français, rare survivant de cette faune aujourd'hui disparue qui ne voulait rien connaître en dehors de l'enceinte des fortifications parisiennes, demandait tout à coup :

— Mais qui est donc ce lord Northcliffe ?

— Northcliffe ? répondit laconiquement un Américain, c'est la puissance de l'Angleterre... !

Homme d'affaires, homme d'action, homme de pensée, le tout à un degré éminent, exerçant une profonde influence sur l'opinion du monde par les nombreux et puissants journaux qu'il dirige, ayant refusé plusieurs portefeuilles pour garder son indépendance, et résolu de mener la guerre jusqu'à la victoire indiscutable et totale, veillant maintenant sur la paix en vigie impérieuse et tenace, lord Northcliffe occupe, en effet, une situation unique.

Il est non seulement une des personnalités les plus connues de notre temps, mais une des plus discutées. Il emplit l'Empire britannique de son nom. Qu'on ouvre un journal, une revue, il est question de lui : qu'on assiste aux débats de la Chambre, à un meeting, à un congrès, encore lui ; qu'on entre même dans un théâtre, toujours lui. Dans une pièce du populaire Barrie, jouée l'autre hiver, un certain lord Times apparaît de temps à autre, comme un diable sort d'une boîte, et crie d'un ton impérieux : « *It must be done!* Il faut que cela se fasse!... » Un beau jour, Horatio Bottomley, directeur d'une revue tapageuse, le *John Bull*, faisait promener à travers Londres de grands placards sur lesquels on lisait : « *Northcliffe sends for the king.* Northcliffe envoie chercher le roi... » Si on cause paisiblement entre amis et qu'on cite son nom, le débat se passionne, s'enflamme, on attaque et on défend, on exalte et on injurie, on se lance à la tête épithètes et arguments : — « C'est un ambitieux sans scrupules, un dictateur! — Les forts doivent gouverner! — C'est un esprit changeant, une imagination déréglée! — Un admirable prophète, un génie constructeur! — Un jaune! — Le courage le plus indomptable! — Le plus impudent! — Un patriote, en tous cas!... » A ces mots, la dispute s'apaise, l'accord s'établit. Amis et ennemis s'entendent sur ce point : « C'est un patriote, c'est l'homme qui a prédit la guerre, l'homme qui a voulu la victoire et l'a eue... »

Il faut le connaître pour comprendre le secret de l'empire qu'il exerce, de l'agitation qu'il soulève.

Vous avez vu des tanks? Quand une de ces machines formidables en même temps que prodigieusement intelligentes s'en va droit son chemin, sûrement, inéluctablement, qu'elle broie les réseaux de fil de fer, écrase les sacs de terre, déracine les arbres, enjambe les fossés et les tranchées, renverse tous les obstacles avec un paisible, un effroyable dédain, on sent que rien ne pourra l'arrêter. Telle est à peu près l'impression que donne à première vue lord Northcliffe. C'est une force de la nature — ou de la science.

Quand il est présent, on ne voit, on n'entend que lui. Il semble, sans effort et comme naturellement, absorber tout l'air respirable. Je le revois tel qu'il m'apparut pour la première fois dans son cabinet du *Times*, debout devant la monumentale cheminée aux flammes vives, la tête rejetée en arrière sur son cou de lutteur, les épaules carrées, les poings derrière le dos, sa haute taille solide tendue dans une attitude de défi. De profil, les traits sont nets, dessinés d'un seul jet pur et hardi ; de face, ils se ramassent en un ovale d'une structure massive, à la mâchoire puissante et obstinée : le profil de Napoléon dans la face de John Bull. Ses yeux gris bleu, au regard vif qui parcourt, note et saisit, se fixent parfois violemment avec l'éclat dur d'un trait d'acier.

Le voici qui se promène de long en large ; il s'assied, il se lève, se penche vers une table, consulte une carte, un livre, saisit son téléphone, lance un ordre, prend une note, le tout en une minute. Et il parle. Des phrases pressées, explosives, chargées de faits et d'idées, se succèdent en brefs éclairs. Mais plus souvent il écoute, se bornant à diriger l'entretien par des questions rapides, brusques qui précisent la pensée, la pressent, en font jaillir le suc essentiel. Parfois quand il s'anime ou s'irrite — cela lui arrive ! — ses lèvres se tordent sur les mots et les lancent brusquement avec cette crispation de la main qui jette une bombe. Les yeux noircissent. La figure rougit. Mais tout à coup il se laisse tomber dans un fauteuil avec une aisance abandonnée, il rit, il plaisante, — humour britannique ou boutade celte — et ses traits prennent une expression presque enfantine de gaîté, d'amicale confiance. Il peut être dur, il sait être bon. Mais c'est par dessus tout un combatif, une volonté inspiratrice, un semeur de pensées et d'action, — un animateur, comme on dit en Italie. Et sa vie, — la vie d'un homme qui s'est fait lui-même, — constitue une leçon unique de travail, de persévérance, d'énergie.

La famille Harsmworth

Alfred, Charles, William Harmsworth, vicomte Northcliffe, naquit en Irlande, en 1865, d'un père anglais, avocat du Middle Temple à Londres, mais à cette époque inscrit au barreau de Dublin, lettré délicat dont il tient ses dons d'orateur et ses aptitudes littéraires, et d'une mère irlandaise qui avait dans les veines du sang écossais Il doit à l'élément celte sa fougue audacieuse, son caractère généreux et violent par saccades, son bel optimisme rebondissant : à l'élément anglo-saxon, sa lucidité réfléchie, sa redoutable et inflexible ténacité.

Une photographie le représente à l'âge d'un an sur les genoux de sa mère. La tête posée droite et fière sur les épaules menues, le front bombé, étonnamment large et haut, mais surtout le regard des prunelles limpidement ouvertes sur le monde, avec une expression à la fois pensive et ravie, sont étrangement suggestifs. De la mère, on ne voit sous des cheveux en bandeaux que le front au beau modelé, le profil tendrement incliné et le geste de deux mains qui enveloppent d'une caresse protectrice le corps allongé et nu de son premier-né. On sent qu'elle n'est là que pour lui. S'aperçoit-elle même qu'elle s'efface ? C'est qu'elle fut mère avant tout, une mère admirable.

Elle eut treize enfants, que, restée veuve de

bonne heure elle sut élever avec une énergie pleine de douceur et qui entourent maintenant sa vieillesse d'un culte fait d'amour et de gratitude. Elle est la seule femme au monde qui ait quatre fils au Parlement : deux à la Chambre des Lords, Lord Northcliffe et Lord Rothermere qui, ministre de l'Aviation, organisa si brillamment l'Etat-major de l'air et effectua la délicate fusion de l'aviation militaire et navale ; deux à la Chambre des Communes, dont l'un, Sir Leicester Harmsworth, recevait dernièrement le titre de baronet, tandis que l'autre, Cecil Hamsworth, secrétaire parlementaire de M. Lloyd George, fut chargé de diriger pendant la guerre l'industrie de la pêche, si importante en Angleterre.

Lord Northcliffe, parlant de sa mère, décrivait cette vie d'ordre équilibré, de simple activité et tout l'intérêt, toute la part que, malgré son âge, elle prend à la guerre et aux œuvres de guerre.

— Elle est aussi intellectuellement active qu'une femme de trente ans, *my very wonderful mother !* concluait-il avec émotion.

Où qu'il se trouve, et Dieu sait s'il a voyagé, lord Northcliffe écrit ou télégraphie chaque jour à sa mère. Quand il est en Angleterre, malgré la tâche écrasante à laquelle il doit suffire, il s'efforce de lui consacrer au moins une journée par semaine. Elle est restée le lien vivant et l'âme de cette famille où frères et sœurs s'aiment et s'épaulent avec une solidarité dans l'affection plus rare en Angleterre que chez nous, car le cercle du foyer y est moins étroit. Quand on étudie la vie d'un homme célèbre : « Cherchez la mère », devrait-on dire. Dans le cas de lord Northcliffe, on cherche et on trouve.

Un journaliste de 15 ans

Il quitta l'Irlande dès sa première enfance, son père étant venu s'installer à Londres, dans un de ces grands faubourgs où des kilomètres de cottages vêtus de lierre et de vigne vierge s'alignent au milieu de jardins verts. Il y a encore des gens à Hampstead qui se souviennent des jeunes Harmsworth, garçons robustes, joyeux, bruyants, très sportifs, qui jouaient au foot-ball et à la raquette, vagabondaient à travers la campagne et fréquentaient une école secondaire du voisinage, analogue à nos lycées. Alfred Harmsworth n'a rien du fort en thème et devait étouffer dans l'atmosphère confinée d'une classe. C'est la vie qu'il fallait comme livre à ce jeune esprit curieux, impatient, avide d'émotions et d'action. Mais comme il avait également le goût de penser et d'écrire, le journalisme lui sembla réaliser ce double idéal. Ce fut une vocation précoce, irrésistible, à laquelle il sut rester fidèle. Il aima toujours passionnément son métier. Peut-être est-ce le secret profond de sa force et de son succès.

Il ne trouva guère d'encouragement autour de lui. Son père, soucieux de le voir s'engager dans les sentiers risqués de l'aventure, le suppliait de revenir à la grande route du barreau. « Mais il ne m'apparaissait pas, a dit lord Northcliffe, que l'étude du droit, l'existence d'un homme de loi et tous les délais qu'infligent les pratiques chicanières de la basoche soient des concomitants nécessaires d'initiative, d'énergie, d'action et de décision. » Deux journalistes connus, dont l'un, sir William Hardman, était un ami de son père, et l'autre, G.-A. Sala, après quarante ans d'expérience, un vieux cheval de retour de la presse, s'efforcèrent mais en vain de le détourner de sa vocation. Rien n'y fit. Étant encore au collège, il avait fondé et dirigé le magazine de l'école, si bien que la rédaction. l'impression, la correction des épreuves n'avaient dès cette époque plus de mystère pour lui. Il se faufilait dans les salles de rédaction et d'imprimerie afin d'en renifler l'odeur d'encre fraîche et de papier, aussi enivrante à ses narines que les senteurs du goudron pour les futurs marins. A peine âgé de seize ans, il écrivait déjà de ci de là, en franc-tireur. Un vieil Écossais sagace, plein de perception, M. James Henderson, qui possédait plusieurs publications hebdomadaires dont un magazine pour la jeunesse, *The Young Folk's Budget*, montra son flair en se faisant le parrain en journalisme de l'adolescent auquel il ouvrit à la fois ses colonnes et sa maison. Tandis que la plupart des directeurs de journaux se retranchaient dans l'auguste solitude de leur tour d'ivoire, dressée très haut au-dessus de l'humble foule de leurs collaborateurs, celui-ci les recevait familièrement à sa table et c'est par lui qu'Alfred Harmsworth s'immisça dans les cercles littéraires et connut plusieurs écrivains célèbres, dont le grand Robert-Louis Stevenson. A dix-sept ans, il était nommé secrétaire de la rédaction d'un hebdomadaire, *Youth*, où il put prendre une première idée des rouages intérieurs d'une publication. Entre temps il continuait à faire avec une hardiesse tenace ce qu'il appelait « des attaques brusquées contre les fortifications hérissées de fil de fer barbelé des grands quotidiens du matin et du soir ». Ses raids étaient souvent couronnés de succès. Mais il garde une gratitude toute particulière à **un M. Greenwood**, rédacteur en chef de la *Saint-James's Gazette* qui, dit-il, « lui fit beaucoup de bien en refusant la plupart des articles qu'il lui apportait ». Aux natures de cette trempe, un échec est un coup d'éperon.

En outre et surtout, Alfred Harmsworth promenait sur les choses et les gens son jeune regard aigu d'Indien sur le sentier de la guerre, notant, comparant, critiquant avec une impitoyable lucidité, emmagasinant faits et documents dans la mémoire la plus vaste et la plus fidèle qui soit; et déjà au creuset de cet esprit créateur s'élaborait le plan de ses futures entreprises.

Le hasard d'un secrétariat qui lui valut ses premiers voyages sur le Continent vint encore l'enrichir d'expériences nouvelles : il y acquit le germe de ses connaissances si profondes sur l'âme, la politique, les mouvements économiques et sociaux des peuples de l'Europe.

« Quand des parents viennent me demander comment leurs fils devraient se préparer au journalisme, a écrit lord Northcliffe, je réponds invariablement : « La meilleure instruction possible, la connaissance du français et une période d'initiation dans un journal de province. »

Directeur de journal à 20 ans

Cette initiation, une chance malheureuse allait la fournir au jeune Harmsworth : les docteurs durent lui interdire le séjour de Londres. Car il faut le noter ici : cet homme à l'allure robuste, ce travailleur acharné, ce lutteur a toujours eu une santé fort délicate qui vint à tout instant l'entraver et dont il ne put s'accommoder que par des miracles de volonté et la plus prudente sagesse dans la conduite et l'équilibre de son existence quotidienne. « Ah ! si du moins j'avais eu une belle santé !... » ai-je entendu soupirer plus d'un raté ou d'un aigri. Lord Northcliffe eut encore cet obstacle à surmonter. Il le vainquit.

Vers cette même époque, il avait eu la douleur de perdre son père; étant l'aîné, il devenait chef de famille avec toutes les responsabilités que ce titre entraîne. Il les chargea vaillamment sur ses épaules et à l'âge de vingt ans environ quitta Londres pour diriger un journal dans la ville de Coventry.

« Dans les vastes organisations que sont les journaux des grandes cités comme Londres, New-York ou Paris, continue lord Northcliffe, le néophyte doit en vérité ouvrir des yeux bien grands pour arriver à comprendre l'ensemble de ces organisations; mais dans un journal de province où le secrétaire de la rédaction et les rédacteurs sont en contact étroit et quotidien, où le même homme peut avoir à jouer simultanément plusieurs rôles, où propriétaire, directeur, typographes, reporters et articliers doivent être constamment associés, il est aisé d'embrasser dans son entier le mécanisme d'un journal. »

Il pénétrait donc bientôt tous les secrets de cette officine mystérieuse et compliquée.

C'est à Coventry également que parut le numéro initial d'*Answers*, la première publication qu'organisa Alfred Harmsworth. Il n'avait pas vingt-trois ans. C'était une revue hebdomadaire dont les demandes formulées par les lecteurs et les réponses qu'on leur donnait formaient l'intérêt principal.

Elle végétait quand le jeune directeur l'acheta pour lui insuffler la vie ardente qui galvanisait tout ce qu'il touchait. Il la rédigeait presqu'entière à lui seul, articles de tête, variétés, nouvelles, mots d'esprit et jusqu'aux annonces avec une verve jaillissante et drue et la plus ingénieuse entente de ce que désirait le public. Un habile système de concours et de primes, lancé avec une audace qui aurait pu paraître téméraire si elle ne s'était appuyée sur une intuition géniale du pouvoir de la réclame et le sens psychologique le plus avisé, vint assurer le succès. Les murs se couvrirent d'affiches éclatantes, les abonnements affluèrent avec une abondance qui touchait au scandale, des légendes prestigieuses se formèrent. Et tout ce tintamarre, tout ce bouleversement prenaient leur source dans un tout petit bureau où travaillaient nuit et jour une poignée de jeunes et hardis lurons.

Lady Northcliffe

Pourtant la partie était loin d'être gagnée. Tout pouvait encore s'effondrer. Et c'est ce moment-là qu'Alfred Harmsworth choisit pour se marier. Mariage d'amour, naturellement. Les esprits timorés de chez nous qui n'admettent le mariage que comme un troc entre le « sac » obligatoire de la jeune fille et la « situation assise » du jeune homme — qui d'ordinaire a laissé en route sa jeunesse, ses illusions et ses cheveux — ces faux prophètes auraient levé les bras au ciel, en criant à la folie. En réalité, Alfred Harmsworth, en cette occasion comme en tant d'autres, montra la sagesse prudente et prévoyante qui, sous un bouillonnement apparent et les dehors d'une généreuse imprudence, forme le véritable fond de sa nature, détermine toutes ses actions, explique son succès. En même temps que le bonheur intime, il donnait à sa vie un but, lui ajoutait le plus puissant levier d'énergie. Et il apportait toute la jeunesse de son cœur à celle qu'il avait choisie.

De l'avis de tous ceux qui la connaissent en France comme en Angleterre, lady Northcliffe, avec la beauté que connaissent seules les Anglaises, quand elles veulent bien s'y mettre, possède un rayonnement de bonté, de charme et d'harmonieuse intelligence auquel personne n'échappe. Elle tient avec un tact parfait un rôle social très lourd, elle resta toujours la compagne idéale que rêve tout homme d'action, à la fois épouse et associée.

Lady Northcliffe est l'une des organisatrices de ce *British fund* de la Croix-Rouge qui a su réunir un nombre prodigieux de millions dont ont bénéficié tant de nos ambulances et de nos hôpitaux ; elle a fondé et entretient à Londres depuis août 1914 un hôpital militaire et s'en occupe elle-même avec un dévouement actif. On trouve son nom et son appui dans nombre d'œuvres de guerre.

Pour son mariage, comme dans la plupart des occasions de sa vie, lord Northcliffe eut beaucoup de chance. Ou plutôt, ce qui est bien différent, par sa clairvoyance et son courage, il sut faire sa chance et créer son bonheur.

Alfred le Grand

Les années qui suivirent furent parmi les plus dures comme effort et comme travail, des plus décisives aussi ; Harmsworth commençait à être célèbre au delà même de *Fleet Street*, la rue des journalistes, où on le connaissait sous le nom d'Alfred le Grand. Un reporter américain qui fit sa connaissance à cette époque conte comment il trouva dans une pièce étroite et encombrée un beau garçon robuste, si jeune d'aspect qu'il semblait à peine sorti de l'adolescence; celui-ci le reçut avec une familiarité cordiale et de suite l'assaillit de questions sur l'état de la presse en Amérique, l'organisation des journaux, leurs bénéfices, les chances d'avenir qu'y avait un écrivain professionnel, les salaires qu'il recevait, donnant en retour les mêmes renseignements sur l'Angleterre. Puis il parla de lui-même, de ses projets, de ses rêves avec une franchise pleine de simplicité. Bientôt il attirait dans son sillon le jeune Américain, exerçait sur lui la même fascination dominatrice que sur tous ceux qui l'approchent, réclamait sa collaboration pour des travaux pressés, et lui faisait corriger des épreuves; puis il l'entraînait le soir à travers les rues de Londres, le long de la Tamise voilée d'une brume vivante que piquent des points rouges. Le reporter yankee a conté — est-une légende? — qu'une nuit passant devant la noble masse de Westminster : « J'y entrerai un jour, dit Alfred Harmsworth; mais ajouta-t-il pensivement, je ne sais pas encore si ce sera à la Chambre des Lords ou à la Chambre des Communes. »

Une autre fois, en face des bureaux du *Times* : « Drôle de vieille maison et si typique de l'Angleterre traditionnaliste! Si j'en prends la direction, je me garderai bien de changer son caractère! »

Paroles prophétiques, d'apparence présomptueuse dans la bouche d'un jeune inconnu mais qui, réalisées avec une foudroyante rapidité, prouvent qu'Alfred Harmsworth sut toujours sans dévier marcher jusqu'à son but. Ambition? Certes, mais nulle vanité. Une force qui a conscience d'elle-même et s'exprime, sans embarras comme sans réticences...

Il multipliait alors et lançait sans cesse de nouveaux hebdomadaires. A vingt-cinq ans il en tirait un revenu annuel de 1.250.000 francs. Ses ennemis prétendent qu'à cette époque il se faisait l'esclave du public, le flattant, s'abaissant au niveau de l'âme populaire. Qu'y a-t-il de vrai dans cette allégation? Outre que lord Northcliffe a toujours cru au bon sens et à l'intuition de la foule, il forgeait l'instrument qui allait lui permettre de dominer et d'entraîner l'opinion publique, de la pétrir dans ses poings de lutteur, de la marquer à son empreinte.

Il avait associé à sa fortune son frère, lord Rothermere, qui se montra le plus remarquable des administrateurs. On assure que lorsqu'Alfred émettait une de ses idées hardies et brillantes, Harold, de la pointe de son crayon, la traduisait aussitôt en chiffres. C'était la pierre de touche.

En 1894, M. Kennedy Jones, écrivain et membre du Parlement notoire qui fut longtemps leur collaborateur, venait proposer aux deux frères de risquer 625.000 francs pour l'achat de l'*Evening News*. C'était un journal conservateur fort malchanceux, la Cendrillon de *Fleet-Street*, et qui avait gâché tant de millions avec si peu de gloire que les loustics de la presse radicale s'amusaient à en vendre pour quelques sous les actions au boisseau.

Les Harmsworth acceptèrent le défi : « Je me souviens, écrit lord Northcliffe, qu'après une rude journée de travail passée à diriger, administrer et rédiger nos périodiques, nous allions tous les soirs, mon frère et moi, retrouver M. Jones dans le bâtiment croulant de *Whitefriars Street* pour chercher de quelles maladies souffrait l'*Evening News*. Nos efforts combinés parvinrent à les trouver. Il y en avait deux principales : manque de suite dans la conduite du journal, manque de contrôle administratif. En quelques mois, nous eûmes rétabli le journal dans la confiance et l'estime du public et nous commencions à étudier mon projet si longuement chéri d'un journal du matin. »

Le *Daily Mail*

Depuis longtemps, en effet, Alfred Harmsworth portait ce journal dans son cœur, dans son cerveau ; sa naissance fut une joie laborieuse, il est demeuré son enfant préféré, « celui en qui il met toutes ses complaisances ».

Lord Northcliffe a relaté lui-même les péripéties qui marquèrent les débuts du *Daily Mail*.

« Officiellement, dit-il, le *Daily Mail* fut lancé le 4 mai 1896, mais en réalité, sa conception datait de plusieurs années. Tandis que, franc-tireur du journalisme à Londres, je collaborais à plusieurs des quotidiens du matin et du soir, entre les âges de dix-sept et vingt ans, la vie me convainquit que la mollesse de leur direction, les compartiments d'air comprimé qui en séparaient les divers services et la tranquillité complaisante qui y régnait nécessitaient un sérieux réveil... Je m'aperçus, en fréquentant les bureaux de ces journaux, que leur organisation était construite de telle sorte qu'il était matériellement impossible de faire parvenir une idée jusqu'au grand chef...

« Le *Times* continuait son existence mystérieuse dans la solitude de son ile de *Printing House*

Square; le *Daily Telegraph*, sa paisible rivalité avec le *Standard*; le *Morning Post* se tenait dédaigneusement à l'écart; le *Daily News*, politique et littéraire, n'était que l'organe du parti radical, et le *Daily Chronicle*, sous Massingham, le plus brillant et le plus entreprenant de la bande... J'espère ne pas offenser mes amis de ces grands quotidiens en leur disant que leur manque d'initiative et leur aveugle soumission à l'esprit de parti étaient une invitation directe à l'assaut que leur livra le *Daily Mail*... »

La bataille avait été longuement préparée. Des numéros d'essai parurent à blanc pendant plusieurs mois avant le 4 mai et, comme la plupart des succès, la réussite foudroyante du *Daily Mail* provint de la combinaison d'une chance heureuse qui était l'inertie des journaux de Londres et d'une préparation qui ne laissait rien au hasard. « Alors que le projet d'un journal du matin à 0,05 centimes, continue lord Northcliffe, ne semblait éveiller que peu d'intérêt parmi ceux qu'elle concernait pourtant directement — les propriétaires de journaux à 0,10 cent. et ceux du *Times* qui, depuis 1861, avaient conservé le prix de 0,30 cent. — l'événement prouva que le public prenait un immense intérêt à cette entreprise neuve, et cela à un degré que nous n'avions pas prévu. Nous nous étions préparés pour un tirage de 100.000 exemplaires; le papier était exactement celui qu'employaient les journaux à 0,10 cent.; les machines, selon le dernier cri; des jeunes gens intelligents et hardis venus de toutes parts offraient leurs services. Nous estimions avoir tout prévu, sauf, si je puis le dire avec modestie, la demande colossale qui en résulta. Le nombre exact des exemplaires vendus le premier jour fut de 397.215

et il devint urgent d'annexer diverses imprimeries voisines, tandis qu'on nous construisait des machines nouvelles... »

Ces premiers jours s'écoulèrent dans un travail intense, une fièvre ardente : « Pour ma part, dit lord Northcliffe, je ne quittai pas les bureaux pendant deux jours et deux nuits, puis, rentré chez moi, je dormis vingt-deux heures... Mais quels heures d'allégresse!... »

Bientôt le tirage s'élevait à 600.000. Le *Daily Mail* faisait un emploi généreux des fils spéciaux, des câbles, envoyait sur tous les points du monde des reporters actifs et audacieux, payés avec une libéralité jusqu'alors inconnue: les articles courts, ramassés, nerveux, tranchaient sur le ton filandreux des autres journaux, leur poncif soporifique ; de plus, le journal n'étant l'esclave d'aucun parti, rien ni personne n'étant sacré pour lui, il était toujours prêt, dans l'intérêt général, aux campagnes les plus violentes, aux sacrifices les plus élevés. Un souffle irrésistible de jeunesse et de force y courait. Et son organisation pratique constituait une révolution : le journal, imprimé plus rapidement qu'aucun autre, engageait des trains spéciaux et jetait ses éditions de droite et de gauche par toute l'Angleterre. Plus tard, en 1900, s'organisa la succursale de Manchester donnant la réplique exacte du numéro de Londres qui, de là, s'élança sur le Nord et l'Ecosse, et enfin l'édition continentale de Paris qui, en temps de paix, rayonnait sur tous les pays de l'Europe et fit de sérieux bénéfices, placés maintenant en emprunt de guerre français.

Ce fut donc le triomphe. Pourtant ces procédés nouveaux de journalisme, directs et violents, trouvèrent quelque résistance dans une partie du public, celle qui a gardé les traditions de réserve et de froideur britanniques. On reprocha au jeune directeur du *Daily Mail* sa maîtrise à lancer ou abattre les hommes et les entreprises, à saisir les grands de ce monde dans ses dents de bull-dog et à les secouer par la peau du cou; on l'accusa de connaître dans tous ses détours l'art de la réclame, de l'*advertising* et du *booming*. De plus, à mesure que les quotidiens de Londres et de la province devenaient enfin conscients du danger, ce fut un déchaînement d'injures et de calomnies contre la *Northcliffe Press*. « Attaques sur lesquelles, selon l'expression paisible de son chef, elle n'a cessé de vivre, de croître et de prospérer. »

Le Napoléon de la Presse

Il ne s'en tint pas là. Toujours en collaboration avec son frère, il avait, après l'*Evening News*, organisé le *Weekly Dispatch*: il lança ensuite le *Daily Mirror*, quotidien illustré.

Il y a une douzaine d'années, alors qu'on croyait le *Times* près de passer aux mains d'un de ses concurrents, on apprend tout à coup que lord Northcliffe s'en est assuré le contrôle. Tout en lui laissant sa physionomie traditionnelle de gazette officielle de l'Empire, il le modernise, y introduit le mouvement et la vie succédant à l'antique torpeur, perfectionne encore ses merveilleux services de l'étranger, soigne particulièrement le papier et la présentation, ne néglige rien pour conserver et augmenter sa réputation de premier journal du monde, tout en le ramenant au prix dérisoire de 0,10 cent. S'il voit dans le *Daily Mail* son enfant de prédilection, le *Times* est son luxe — luxe qui fut coûteux en temps de guerre — et son orgueil.

A quoi bon continuer ? A quarante ans, le « Napoléon de la Presse », comme on a surnommé lord Northcliffe, possède la haute main sur une soixantaine de journaux et de revues réunis en trois puissantes sociétés : *The Times Publishing Company*, *The Associated Newspapers* et *The Amalgamated Press*, auxquelles sont venues s'adjoindre plusieurs entreprises annexes et complémentaires d'édition et de librairie. Il commande une véritable armée d'écrivains, d'administrateurs, d'imprimeurs, de typographes, d'employés et de comptables, l'armée de la *Northcliffe Press*, qui eut plus de cinq mille combattants au front. Elle compte des hommes de grand talent, les plus actifs, les plus autorisés dans tous les domaines, qui partagent les idées de leur chef, croient en sa force d'entraîneur. Sa seule présence inspire et stimule. Il a foi dans la mission de la presse. Il en a fait une puissance, il lui a donné un prestige dont il a l'orgueil.

Lord Northcliffe grand " reporter "

Bien que, depuis sa jeunesse, il écrive quotidiennement, lord Northcliffe se défend d'être « un écrivain », au sens étroit du mot. Certes, il n'a rien du plumitif qui tourne et mâche son porte-plume, gratte le fond de son encrier, peine sur une épithète, succombe sous une période. D'un coup-d'œil preste et précis, il cueille les détails suggestifs, les note en des phrases nettes, brèves, imagées, qui ont le vol rapide et brillant du mar-

tin-pêcheur, les pose en touches successives,
sans effort, sans lien apparent, et, soudain, l'idée
jaillit, déjà muée en acte. Parfois, une formule
vive et puissante, une anecdote, un tableau éclai-
rent le sujet et le fixent dans la mémoire. Par
exemple, il s'agit des pacifistes et de leur nombre
en Angleterre. « Ils me rappellent, écrit lord Northcliffe, une histoire que l'on m'a contée pendant mon
séjour en Amérique, l'histoire d'un paysan, qui
s'en alla trouver le directeur du restaurant Dol-
menico : « J'ai des grenouilles en quantité autour
de ma ferme, fit-il. Voulez-vous m'en acheter ? »
On fit marché pour un millier de grenouilles par
semaine. La semaine suivante, on vit arriver le
bonhomme dans la Cinquième Avenue avec un tout
petit sac à la main. On lui demanda combien de
grenouilles il apportait : « Ma foi, répondit-il,
quand je suis descendu au marais, on ne s'enten-
dait plus tant il y avait de coassements, mais je
n'ai pu trouver que dix-neuf grenouilles ! » Voilà
ce qu'il en est pour les pacifistes en Angleterre »,
conclut lord Northcliffe.

Il comparait un jour la méthode de l'Amérique
en guerre à celle qu'elle emploie pour construire
ses « gratte-ciel » (*sky-scrapers*) : « Pendant
quelque temps, on voit éclater des rocs, une foule
d'hommes apparaissent avec d'étranges machines:
on dirait qu'il ne se passe rien; puis, graduelle-
ment mais sûrement, s'élève un grand squelette
d'acier; les progrès, pourtant, restent insensibles,
quand, tout à coup, le passant s'aperçoit, à sa
grande surprise, que le dix-septième ou le tren-
tième étage est achevé, alors que les étages infé-
rieurs en sont encore à la période du squelette.
Encore quelque temps d'attente, et voilà que,

soudain, le gratte-ciel se trouve terminé et abrite dans ses flancs 10.000 ou 15.000 travailleurs affairés. Eh bien ! c'est ainsi que se construit la gigantesque machine de guerre de l'Amérique. Elle s'achève et sera bientôt en plein fonctionnement... » Tableau dont nous avons réalisé toute la prophétique exactitude.

Certains des articles de combat de lord Northcliffe, publiés d'ordinaire dans le *Daily Mail*, avec leurs phrases ramassées et violentes, courant droit au but, ont soulevé toute l'Angleterre. D'autres articles de grand reportage — ceux par exemple sur l'Espagne en danger de germanisation, — sont des esquisses d'une ampleur et d'une justesse qui en font de véritables documents historiques. Enfin, d'autres encore ont provoqué d'admirables mouvements de générosité: ils ont la valeur d'œuvres sociales et philanthropiques. La Croix-Rouge anglaise lui doit d'avoir soulagé partout les souffrances. Telle de ses phrases a fait couler des millions et séché bien des larmes. Ce n'est plus de l'art, c'est encore et toujours de l'action.

L'homme d'affaires

Mais lord Northcliffe est également et surtout un grand homme d'affaires. Une de ses récentes photographies illustre cette partie de son caractère que l'on serait tenté d'oublier, voilée qu'elle se trouve par d'autres qualités plus brillantes, celles de l'homme public. Le voici, les épaules un peu remontées, la tête penchée en avant, les lèvres serrées, l'œil aux aguets, aigu, lucide : cet homme-là voit à travers tous les calculs, devine tous les

écueils, déjoue toutes les ruses, — un terrible
jouteur ! Et dire qu'on a pu le traiter d'esprit
changeant, d'imagination déréglée ! Toutes les
affaires qu'il a organisées et lancées ont prospéré ;
mais, avec ses manufactures de papier, il a réalisé
une de ses plus surprenantes opérations. Les com-
pagnies qu'il dirige ou contrôle, sont d'effroyables
dévoratrices. Elles ont une consommation annuelle
en papier qui dépasse celle de toutes les entreprises analogues du monde entier. Or, la production imposée aux forêts du Canada, des Etats-
Unis et de la Scandinavie est telle qu'une famine
de papier était une éventualité à prévoir. Lord
Northcliffe ne voulut pas en courir la chance. Il
possédait déjà en Angleterre des manufactures.
Mais, il y a une quinzaine d'années, il embaucha
plusieurs experts qui, pendant trois ans, explo-
rèrent et prospectèrent toutes les zones du monde
produisant du bois susceptible de se transformer en
pulpe de papier. On se décida enfin pour l'île de
Terre-Neuve. L'une des raisons principales de ce
choix est que lord Northcliffe, persuadé de la
menace allemande et de la guerre imminente,
estimait que, pour être sûr de son ravitaillement
en papier, il fallait en établir la source en terre
britannique ; d'autre part, la distance de Terre-
Neuve aux Iles Britanniques n'est pas considérable. Enfin, on y trouve, pour la fabrication du
papier, un bois supérieur en qualité et en rende-
ment à tout ce que produit le continent européen.

L'*Anglo Newfoundland Development Company*,
aussitôt constituée, fit donc à Terre-Neuve l'acqui-
sition de 3.400 milles carrés (plus de 5.000 kil.)
y compris un lac de 37 milles (le *Red Indian
Lake*), des rivières, des étangs et un domaine de

forêts si considérable que, quelle que soit la demande, elles sauront toujours y suffire. Le fleuve *Exploits*, qui possède une merveilleuse chute d'eau, *Grand Falls*, réservoir inépuisable de houille blanche, est la sève nourricière alimentant les immenses moulins et leurs dépendances qui, quatre ans plus tard, étaient construits et en plein fonctionnement. Elle fournit également l'éclairage à la jeune cité modèle de plusieurs milliers d'habitants, qui, sur un coup de baguette magique, a surgi de terre près de *Grand Falls*, avec ses magasins, ses écoles, ses églises, sa banque, son club, son hôpital, son chemin de fer qui la relie au grand port de Botwood ; c'est là que se trouvent les quais, les docks, les entrepôts de pulpe et de papier. Une flotte de vapeurs, remontant jusqu'au *Red Indian Lake*, vient compléter l'organisation. Toutes les trois semaines environ, un des steamers de la Compagnie quitte Terre-Neuve pour l'Angleterre avec une cargaison de 4.000 tonnes de papier. « Les journaux, comme les éléphants, vivent longtemps », a écrit lord Northcliffe. A ses journaux, animaux voraces entre tous, il assure ainsi, quelle que soit la durée de leur existence, une pâture abondante et certaine.

Sentant approcher le cataclysme mondial, il avait en outre accumulé dans ses entrepôts d'amples réserves de papier qui se sont montrées précieuses à tous les points de vue : c'est en grande partie à sa prévoyance et à ses efforts que l'Angleterre a dû d'éviter la crise qui paralyse si fâcheusement nos journaux. Par ses qualités uniques d'homme d'affaires, parti sans aucun capital, lord Northcliffe a su conquérir une immense fortune. Pourtant les ennemis qui se sont acharnés à chercher des tares dans sa vie n'ont pu y découvrir une seule opération douteuse. Je ne veux citer ici que le témoignage du *Spectator*, la très respectable revue britannique, qui, adversaire tenace de lord Northcliffe et de sa politique, ne peut être suspectée de partialité. Le passage est extrait d'un article paru le 16 janvier 1918 : l'auteur y prévoit le cas où, le ministère Lloyd George chûtant de par les traquenards des libéraux, lord Northcliffe serait appelé à en former un nouveau et d'avance il combat ce ministère, avec âpreté. « Lord Northcliffe, écrit-il, est un homme d'affaires étonnamment prospère : il est doué à ce point de vue des plus hautes capacités. Sans elles, il n'aurait pu réussir comme il l'a fait, car notez bien que ses succès financiers et autres sont entièrement dus à son heureuse administration personnelle. *Notez bien aussi que, malgré les souffles de la calomnie auxquels sont particulièrement exposés les hommes qui s'élèvent rapidement, personne n'a jamais pu jeter sur ses méthodes financières le moindre discrédit. Sa grande fortune a été acquise avec une honnêteté scrupuleuse et parfaite, ce qui est plus qu'on en peut dire de la plupart des rapides faiseurs de millions.* Mais le fait que lord Northcliffe sait si bien administrer ses propres affaires n'est point une preuve qu'il administrerait aussi bien celles de la nation... » Et ainsi de suite...

Le directeur du *Daily Mail* et du *Times* fut le plus jeune *baronet* puis le plus jeune pair créé par le roi Edouard VII. Il semble s'être appliqué à battre tous les records. Cet hiver, au retour de sa mission d'Amérique, il était élevé au titre de *Viscount*. Il est parvenu au faîte de la fortune et des honneurs.

Une journée de lord Northcliffe

— Comment ne se retire-t-il pas ? me demandait un Français avec surprise. « Se retirer après fortune faite », c'est hélas l'ambition suprême de la plupart de nos bourgeois. A peine lord Northcliffe pourrait-il comprendre une telle idée : cet homme ne cessera d'agir qu'en cessant de vivre.

— Aimez-vous le travail ? demandait-il à quelqu'un la première fois qu'il le vit. Moi, je l'adore, *I love it...*

Le travail fut toujours sa grande, son unique passion. Ou plutôt il travaille de même qu'il respire.

S'il accueillit la fortune, les honneurs comme le résultat tangible de son effort, la preuve de sa puissance, il a trop de noble orgueil pour s'en contenter : en eux, il ne cherche nullement un but mais simplement le moyen de développer son action, de créer, de réaliser sans cesse davantage.

Il suffit de passer quelques heures dans son atmosphère, de connaître sa manière de vivre, ses méthodes de travail pour en déduire cette conviction.

Bien que lord Northcliffe possède, comme il est d'usage à un certain degré de fortune, hôtel à Londres, villa sur la Côte d'Azur, plusieurs propriétés en Angleterre dont un château historique (qu'il a, je crois, cédé depuis la guerre, c'est dans sa maison du sud de l'Angleterre, au bord de la mer, près de Douvres, qu'il séjourne le plus volontiers, en dehors de ses nombreux voyages. Car, par raison de santé, mais bien plus encore par goût, il passe la majeure partie de son existence à la campagne : il traite la plupart de ses affaires par téléphone, ne venant à Londres que deux ou trois jours par semaine, juste le temps indispensable.

Cette maison, Elmwood, la première, la plus chère, qu'il acheta au début de ses succès, celle qui abrita ses jeunes années de bonheur et de travail, qui contient tous ses souvenirs, est une de ces fermes du temps d'Elisabeth dont on a su garder le caractère d'antique et charmante austérité : poutres apparentes, boiseries et portes de chêne noirci, escaliers inégaux, pièces vastes, un peu basses, aux coins inattendus, meubles faits pour le confort de la vie quotidienne, avec la surprise fréquente d'un meuble ancien, d'un bibelot d'art, d'un tableau : des livres partout, — cadre harmonieux d'une intimité à la fois simple et raffinée.

Elle allonge sa façade vêtue de rosiers et de jasmins au milieu d'une prairie en fleurs, parmi des bosquets de ces beaux arbres aux longs bras négligents comme il n'y en a qu'en Angleterre, tandis qu'au delà de cet îlot de fraîcheur s'étendent à l'infini les dunes rases et le bleu éblouissant de la mer...

Essayons d'y suivre une journée de lord Northcliffe : elle commence à 6 h. 1/2 en hiver, à 5 h. 1/2 en été ; il lui arrive même parfois, quand le travail presse, d'être debout à 4 heures. N'a-t-on pas dit que le monde appartient à ceux qui se lèvent une heure plus tôt que le commun des hommes ? A-t-il entrepris une tâche importante, c'est à ce moment-là, dans le calme silencieux du premier matin qu'il s'y attelle. Quand on lui apporte les journaux, il les parcourt, isolant aussitôt les faits saillants, en calculant toute la portée, jugeant de son coup d'œil infaillible les articles du jour, leur action sur l'esprit public, approuvant, critiquant,

Quelques notes lui permettront tout à l'heure de communiquer par téléphone à ceux de ses *editors* ou des lieutenants de ses diverses missions qu'il appellera, ses observations ou ses conseils. De lui déborde une source jaillissante d'idées qui fait l'admiration et parfois la terreur de ses subordonnés : plus lents, ils s'époumonnent à suivre la course endiablée de cet esprit en perpétuelle création. Il tient de même ses secrétaires haletants. Mais de cette activité se dégage une telle fascination joyeuse et inspiratrice que ceux qui ont respiré son atmosphère ne peuvent plus s'en passer ; ils étouffent ailleurs : c'est quelque chose comme l'ivresse des hautes cimes.

Voici son courrier, courrier formidable venu de tous les points du monde pour les questions multiples dont il s'occupe et qui lui arrive déjà épuré, trié, classé. Il tient pourtant à prendre lui-même connaissance de la plupart des lettres. Surtout celles des pionniers que sa pensée dirige, que sa volonté lance à travers les continents et qu'il appelle affectueusement ses *workers*.

Puis il dicte sa correspondance à un, parfois à plusieurs de ses secrétaires. Ses lettres sont typiques : aucune formule vaine, aucune explication oiseuse ; du premier bond, il est en plein cœur du sujet : phrases brèves, robustes, dont chaque mot porte. Point de transitions. c'est un luxe inutile. Une fois transcrites à la machine à écrire, il relit toutes ses lettres lui-même, avec la précision, la *thoroughness* qu'il met à tout ce qu'il fait : pas une qui ne porte une correction de sa main. ponctuation ou mots en surcharge : certains termes sont soulignés ou encadrés d'un trait appuyé : enfin il signe d'une écriture puissante qui monte hardiment.

Viennent — à Londres surtout — les conférences d'affaires, les interviews. Là encore, aucune perte de temps. Lord Northcliffe possède l'art du déblayage, si l'on peut dire, ce qui explique comment il peut, en un délai si court, comprimer tant d'activités diverses. Son esprit court droit au but, sans se laisser distraire ni arrêter. Il ignore ou dédaigne la complexité. Les affaires les plus importantes, les problèmes les plus abstrus sont abordés et résolus avec une maîtrise rapide et définitive. Son choix fait, lord Northcliffe s'y tient d'ordinaire ; aucun argument ne saurait le modifier. Ajoutons, il est vrai, que ce choix n'est pas laissé au hasard, qu'il est le fruit de longues observations, de réflexions profondes : tout est là.

Mais s'il sait travailler à outrance, il sait aussi se reposer. Il ménage et dirige ses forces avec une judicieuse économie qui lui permet de suffire à la plus lourde des tâches. Le voir aux minutes de répit s'enfoncer dans un fauteuil, la tête abandonnée sur le dossier, les yeux clos, les jambes et les bras allongés dans une détente volontaire de tous les muscles est un véritable enseignement. Et au cours des matinées les plus dures, il tient à s'accorder une heure d'exercice en plein air...

Idéaliste et réalisateur

Par un beau jour de juin dernier, avant l'heure du lunch, imaginez lord Northcliffe au milieu de sa pelouse, vêtu d'un de ces costumes un peu flottants, de coupe nette mais aisée qu'il affectionne — veston bleu foncé pour la ville, gris ou marron pour la campagne, chemise molle, cravate souple, chapeau de feutre ; nulle contrainte pour ses mouvements puissants et vifs, pourtant nul laisser-aller — un ensemble sobre et simple. Si d'aventure, pour une cérémonie officielle, il doit revêtir redingote et linge empesé, sa main, d'un geste d'impatience inconsciente, essaie d'écarter le carcan qui garrotte son cou robuste...

Un hôte vient d'arriver. Il l'accueille avec une cordialité familière qui met tout de suite à l'aise. Son visage tout à l'heure tendu, œil durci, mâchoire carrée, rayonne de bonne humeur amicale ; rien chez lui de cette réserve britannique toujours un peu guindée qui glace les élans, de ce formalisme que chez nous l'on prend si souvent pour de la morgue, — cause éternelle de malentendus entre Anglais et Français.

— Avec les Américains, on est tout de suite camarades, me disait un soldat gascon ; les Anglais, eux, sont plus « égoïstes ».

Egoïstes ? Non. Mais enfermés en eux-mêmes, souffrant parfois de leur isolement, incapables d'en sortir. L'élément celte a sauvé lord Northcliffe de ce mal insulaire. Il inspire aussitôt la confiance en offrant la sienne, avec une franchise généreuse et spontanée. Impitoyable dans la vie publique, il est dans la vie privée le meilleur des amis. Et ses amis l'adorent. Il est curieux de noter que la plupart de ceux qui le haïssent ne le connaissent pas. Ce terrible lutteur a parfois les délicatesses d'un cœur féminin...

Mais un frisson traverse le ciel limpide, des sirènes au loin commencent à mugir, on entend des halètements de moteur : c'est un de ces raids si fréquents sur ce point de la côte. Absurdité que l'idée de la mort qui plane en cette matinée radieuse. Pourtant une brèche dans un cottage à quelques mètres de la maison évoque un souvenir tragique : par une nuit de printemps, un destroyer allemand envoyait de monstrueux obus sur Elm-wood puis s'enfuvait : un morceau d'obus traversait un mur de la bibliothèque sans y pénétrer, un autre dans le cottage allait tuer la femme d'un jardinier et ses deux enfants. Ce n'était pas la première tentative, ce ne fut pas la dernière, car les brutes prussiennes ont voué à lord Northcliffe, qu'ils savent un de leurs plus formidables ennemis, une haine sauvage. Celui-ci avait fait creuser pour son entourage un abri qui constitue le dernier cri du genre. Il fut seul à n'y pas descendre. En cas de raid ou de bombardement il ne daignait pas quitter sa chambre. On s'en désespérait autour de lui. On lui démontrait les conséquences pour le pays de son inutile imprudence. Rien n'y faisait. Lui, se déranger pour des Boches ? Allons donc !

Pour le moment, il inspecte le ciel. On entend le grondement du tir de défense, l'éclatement des bombes, le souffle bruyant des moteurs qui peu à peu s'éloignent. Tout à l'heure le téléphone, puis des pilotes d'hydravion venus à bicyclette apporteront des renseignements. Partout où se trouve le directeur du *Daily Mail*, attirées comme par un aimant, convergent aussitôt les nouvelles. Cette fois-ci, les deux avions ennemis ont causé plus de bruit que de mal.

Il entraîne alors son hôte à travers la propriété. Les beaux ombrages, les taches dansantes du soleil d'or sur les allées, le vol brillant d'un oiseau, cet insecte dans une fleur, la mer qui miroite au loin, pâle de lumière, rien n'échappe à son regard vif qui parcourt, cligne, saisit, savoure. Il a le goût passionné de la nature.

Mais ce n'est pas seulement en artiste. Il s'occupe de sa ferme, il est fier de pouvoir dire qu'elle rapporte : *it pays*... Au poulailler, il s'informe en passant des œufs : les poules pondent-elles davantage depuis qu'on leur donne cette nouvelle nourriture? Dans l'immense potager à la française, avec ses plates-bandes ourlées de lavande et de thym, ses espaliers tordus et ses poiriers taillés en pointe, il interroge le jardinier, un des seuls que la mobilisation lui ait laissés ; il s'intéresse aux fraises géantes, sait quand sortiront les petits pois, quelle terre convient à cet arbuste, quel engrais à ces légumes ; il a rapporté des plantes de tous les pays ; il sait le nom des roses, il en a créé des espèces pour lesquelles il a remporté des prix dans les concours. Il parle de tout en phrases imagées, vivantes, il possède sur chaque question des connaissances techniques d'une stupéfiante variété.

Il connaît encore la place de tous les nids : ici sur ce pommier nain, en face du cyprès de bronze vert qui évoque notre éblouissant Midi, ce sont des pinsons ; là-bas, dans l'écurie, une nichée d'hirondeaux. Appuyé contre le mur, son profil hardiment dessiné par la lumière en jet d'une lucarne, il observe les petits, imite le cri de l'hirondelle : aussitôt toutes les grosses têtes aveugles se dressent sur les cous nus tandis que s'ouvrent demesurément les becs jaunes. Et il rit, d'un rire heureux de gamin, avec un regard où filtre une lueur attendrie. Le monde a gardé pour lui toute sa fraîcheur, rien ne s'est émoussé des plaisirs aigus du premier âge : cet homme ne saurait vieillir, il a la jeunesse éternelle de Pan.

Pourtant, à travers cet amour robuste du réel,

glisse parfois étrangement une note de mysticisme qui révèle, avec je ne sais quel dédain pour les joies et les victoires passagères de ce monde, un souci brûlant d'idéalisme. Ce n'est qu'un mot, un regard perdu dans le vague, un silence. Mais on entrevoit en éclair les profondeurs de la vie intérieure.

Après une grave bronchite, il y a quelques mois, la toux qui le secouait sans cesse lui causait de douloureuses insomnies :

— Tant de gens souffrent en ce moment, dit-il, je suis content de souffrir aussi, je suis content...

Une ardente sincérité faisait trembler sa voix.

Contradictions apparentes d'une nature en laquelle se heurtent ou se mêlent avec richesse des éléments et des sangs opposés.

Travail et voyages

Dans le parc s'élève un pavillon de bois léger, son atelier, « *workshop* » comme lord Northcliffe l'appelle, simple, clair, ourlé de livres.

— C'est ici que j'ai le plus travaillé dans ma vie, fit-il en pénétrant dans l'un d'eux.

Mais on y retrouve aussi l'homme de plein air.

En face, sur une cheminée, s'étale dans une cage de verre un poisson gigantesque :

— Mon premier saumon ! constate lord Northcliffe avec fierté.

Par terre, des peaux de bête, ours et tigres, au mur des ramures de cerf, des cornes de buffle. Car, grand chasseur et grand pêcheur, lord Northcliffe a tiré le tigre dans l'Inde, l'éléphant en Afrique, l'ours blanc en Laponie, il a tenu la ligne ou le harpon sur tous les lacs et tous les océans.

De même qu'il est amateur de sports, suit avec passion les matches de *foot-ball* en Angleterre, de *base-ball* en Amérique, de pelote ou de paume en Espagne : il se plaît à tout ce qui développe la vigueur et la hardiesse : en cela il est bien Anglais. Il a pratiqué tous ces sports : maintenant il joue surtout au golf auquel il consacre, quand il le peut, par hygiène autant que par goût, une après-midi par semaine.

C'est l'heure du lunch. Sans être un sybarite, lord Northcliffe n'a rien d'un ascète. A l'encontre de la plupart de ses compatriotes assez inexperts en l'art du bien manger et plus sensibles à la quantité qu'à la qualité, il sait apprécier la finesse d'un coulis, la saveur d'une fricassée, le velouté d'un entremets. Ayant goûté toutes les cuisines du monde, il en discute savamment.

Mais il garde une préférence pour la cuisine française. Et il aime nos vins, non pas en profane, mais avec choix et discernement, comparant et distinguant nos meilleurs crus de Bordeaux ou de Bourgogne en des mots heureux qui l'élèvent au rang de connaisseur.

— Quand je suis malade, dit-il, le vin de France me remet mieux que toutes les drogues.

En voilà assez pour le rendre populaire chez nous.

Par contre, il n'y a pas d'intérieur où les restrictions soient plus rigoureusement appliquées. Non seulement on s'en tient strictement aux rations que le Contrôleur des vivres prie les chefs de famille,

« sur leur honneur » de ne pas dépasser, — car

l'obligation n'existe que pour la viande, le beurre et le sucre — mais on s'impose des privations volontaires : par exemple, on ne sert plus de pain aux repas principaux afin d'en laisser davantage aux classes pauvres pour lesquelles ils constitue l'aliment principal.

De même lord et lady Northcliffe n'ont pas remplacé leurs nombreux domestiques mobilisés. Aussi ont-ils dû quitter leur grande maison de Londres pour une autre plus modeste.

Après le café et le cigare, lord Northcliffe, après avoir passé un instant auprès de ses secrétaires, s'accorde une sieste d'une heure. Il a, comme notre Jaurès, cette faculté de détente et de sommeil à volonté, si précieuse pour la continuité d'un effort.

De trois à sept heures, c'est de nouveau le travail. Il rentre dans son cabinet où, autour de la vaste table carrée, couverte de livres, de brochures, de papiers, entre le téléphone et la machine à écrire, l'attendent ses secrétaires.

Veut-il donner un article à un de ses journaux, aux publications américaines qui se les disputent, à la presse française? Il ne semble pas y avoir pensé. Parfois au cours d'une causerie, d'une promenade, on le voit soudain prendre deux ou trois notes rapides, quelques mots sans plus. Pourtant le voici qui dicte avec une lenteur égale, se reprenant à peine, et les phrases se déroulent, amples et hardies, les paragraphes se suivent, enchaînés avec une logique implacable, gonflés jusqu'à l'éclatement de chiffres, de faits, de documents, illustrés d'images colorées et l'article est là, campé, bien vivant, original, respirant la sincérité et la force, prêt à s'élancer par le monde où il soulèvera l'espoir, la colère, la pitié, déchaînera les passions, ne restera jamais indifférent. Comme pour ses lettres, lord Northcliffe relit lui-même avec soin et corrige.

Ses amis se plaisent à souligner sa ressemblance physique et intellectuelle avec Napoléon : génie créateur, activité méthodique, décisions rapides et audacieuses. don pour ainsi dire magnétique du commandement, caractère tout à la fois impulsif et réfléchi, souvent de la plus généreuse bienveillance, parfois d'une violence impitoyable, et jusqu'aux façons brusques et brèves de questionner, ces traits se retrouvent, en effet, chez les deux hommes. Et le portrait du jeune directeur du *Daily Mail* que l'on voit à Elmwood, avec son front dominateur barré d'une mèche plate, **son** visage ardent et net rappelle étrangement certaines effigies de Bonaparte premier consul.

Mais lorsque dans son cabinet lord Northcliffe réfléchit ou dicte, se promenant lentement, les mains derrière le dos, les épaules un peu voûtées, sa tête au front lourd courbée par la méditation, la ressemblance apparaît frappante. Il s'arrête, se redresse, le regard à la fois aigu et pesant et **sur** le large cou. c'est le masque un peu épaissi mais d'une majesté si puissante de Napoléon Empereur — un Napoléon aux cheveux clairs, au teint coloré d'Anglo-Saxon.

À sept heures, la journée est finie. Et sauf dans les cas pressants. lord Northcliffe ne veut plus entendre parler d'affaires ni de politique. Il passe la soirée, soit avec des amis intimes, soit parmi ses livres favoris — c'est un lecteur prodigieusement informé — ou bien il fait de la musique pour laquelle il a les dons et l'amour du Celte, et se retire de très bonne heure — entre neuf et demie et dix heures.

****

Car il faut également le noter, lord Northcliffe n'aime pas le monde. Il n'a rien du dîneur en ville, du causeur de salon. Les bavards et les importuns sont mal servis avec lui. On ne voit son nom dans aucune réunion ou cérémonie mondaine. S'il assiste à un banquet, c'est qu'il doit y parler, y faire œuvre efficace. Et quoiqu'il appartienne à un des principaux clubs, il ne le fréquente guère, non plus que la Chambre des Lords. On lui reproche, parfois amèrement, cette abstention. Mépris? Pas même. S'il vit en isolé, c'est pour se consacrer plus entièrement à sa tâche. D'une part, il gagne du temps, ménage ses forces. D'autre part, n'étant affilié à aucune coterie, inféodé à aucun parti, il garde son indépendance. Sagesse suprême qui explique son rôle occulte, unique : il reste, comme on l'a dit, « la grande puissance dominatrice qui s'élève à l'ombre du Trône ».

A part le travail, ce qu'il aime par-dessus tout, ce sont les voyages. Il connaît le monde entier. En temps de paix, à peine passait-il à Londres plus de cinq ou six mois par an. Ses hivers s'écoulaient en Egypte, dans l'Inde, en Floride. Il a fait en Amérique plus de vingt séjours. Il a sondé l'Allemagne jusque dans ses profondeurs les plus intimes, en a manié tous les ressorts matériels et moraux et c'est ce que cette dernière ne peut lui pardonner. Lui parle-t-on d'une ville de France, si petite soit-elle, il a toujours quelque souvenir à évoquer. Il possède sur nos provinces, leurs productions, les qualités et les défauts de nos diverses races, leurs possibilités d'avenir, des idées étonnamment précises

et variées que lui envieraient maints Français
éminents. De même pour tous les pays. Il a ren-
contré dans chacun tous les hommes qui comptent,
il a formé son opinion sur eux. Et il n'oublie rien.
A peine pourrait-on lui reprocher un peu d'absolu
dans ses jugements. Mais plus nuancés, ne per-
draient-ils pas en vigueur?

Lord Northcliffe administrateur

On m'objectera : que deviennent pendant ces
voyages les journaux, les sociétés, les entreprises
de lord Northcliffe? Le maître absent, tout ne va-
t-il point. péricliter? C'est justement là que réside
le secret profond et audacieux de sa méthode, sa
conception de l'organisation.

Nul ne possède comme lui le don de la psycho-
logie. Du premier coup d'œil, il sait discerner dans
la foule l'homme dont il a besoin, il le jauge, il
prévoit les services qu'il rendra : celui-ci mènera
des campagnes, celui-là écrira des *leaders*, ce troi-
sième fera du reportage, cet autre organisera, cet
autre encore administrera.

— Autrefois, confesse-t-il, il m'est arrivé de me
tromper, maintenant c'est bien rare !

Lorsqu'il s'est assuré que l'homme ou les hommes choisis possèdent les qualités nécessaires, il
leur accorde sa confiance, leur donne toute auto-
rité et les abandonne à eux-mêmes.

Chaque journal, chaque entreprise possède donc
son autonomie que le grand chef est le premier à
respecter jalousement. Il a cependant établi quelques principes directeurs : toute rédaction, par
exemple, doit se réunir chaque jour. On discute
les événements, leur action sur la ligne de con-

duite du journal, on critique librement, fraternellement les mesures passées, on envisage campagnes et réformes. C'est ce qui assure l'élan,
entretient l'émulation, crée à l'œuvre commune
une âme unique, homogène, — une person-
nalité.

Que de jeunes gens — il aime la jeunesse et croit
en elle — tirés par lui de l'obscurité, stimulés, mis
en valeur, lui doivent la fortune et la réputation !
Il y a du conte des Mille et une Nuits dans certaines de ces carrières. Il a parfois suffi du hasard
de quelques lignes lues çà ou là par cet Haroun-al-
Raschid, infatigable pêcheur d'hommes, pour déci-
der d'un avenir, ouvrir les ailes au génie. Grâce à
lui l'Angleterre a vu s'accroître son trésor intellectuel.

Est-il surprenant qu'il ait suscité des dévouements
passionnés ? Qui sous un tel chef ne donnerait le
meilleur de soi-même ? Il exige beaucoup, dit-on ;
mais il paie d'exemple : il n'y a dans aucune
équipe de travailleur plus acharné que le « patron ».
Et il sait reconnaître les services. Ses journaux
sont ceux qui accordent les salaires les plus généreux. Il connaît également la valeur du repos, et
qu'un journaliste, un homme d'affaires surmené
ne fait plus rien qui vaille. Voit-il apparaître des
signes de fatigue, il est le premier à proposer des
vacances sérieuses, un voyage. L'esprit et le corps
en sortent rafraîchis, renouvelés. Il y a là, en
même temps que de la bonté, une sage et prévoyante économie.

Il aime se mêler à ses *workers*. Il va souvent, en
camarade, fumer une cigarette dans les diverses
salles de rédaction ; il cause familièrement avec les
uns et les autres, les interroge sur leurs travaux,

leurs projets, s'inquiète de savoir s'ils ont ce qu'ils désirent.

Nombre d'anecdotes, légendes pour la plupart, courent à ce sujet. En voici deux :

— Y a-t-il longtemps que vous êtes ici? demande-t-il en une de ces occasions à un tout jeune sous-*editor*.

— Trois mois, sir.

— Combien gagnez-vous?

— Cent soixante-quinze francs par semaine...

— Et vous êtes satisfait?

— Tout à fait, sir.

— Eh bien, apprenez, mon ami, que dans mes journaux on ne doit pas être content avec 175 **fr.** par semaine!

Pour lui, l'ambition est l'indispensable aiguillon.

Une autre fois, un jeune reporter s'était laissé embarquer dans une histoire qui fit rire toute l'Angleterre aux dépens de son journal. Son directeur venait de lui laver la tête et il sortait l'oreille basse, quand, une auto s'arrêtant, il aperçut lord Northcliffe qui le tenait sous son regard perçant.

— Cette fois, je suis bien perdu, pense-t-il.

Et tel un condamné à mort, sans attendre l'appel, il marche vers son destin, avec la vaillance du désespoir.

Mais le grand chef se mit à rire :

— Eh bien, mon garçon, on vous a donc monté un bateau? Allons, allons, ne vous en faites pas. Cela m'est arrivé à moi, cela peut arriver à tout le monde... Il ne faut rien prendre au tragique...

Quelque temps plus tard, le jeune homme recevait de l'avancement.

Si non è vero...

On conte également, d'ailleurs, qu'il fut parfois très dur. C'est possible. Sans doute y avait-il des raisons profondes à sa sévérité. Car d'ordinaire il traite ses « travailleurs » comme une grande famille. Industriel puissant, il se flatte d'être un des seuls à n'avoir jamais eu de grève dans ses usines. Ceux de ses subordonnés qui s'engagèrent ou furent mobilisés partirent sans inquiétude sur le sort de leur femme, de leurs enfants. Ils gardaient leurs ressources et savaient en outre que s'ils devaient faire le sacrifice suprême, ils ne laisseraient pas de misère derrière eux. Malgré les dépenses accrues, imposées par la guerre à la plupart de ses entreprises, malgré la lourdeur des impôts et en particulier de l'*income tax* qui frappe si impitoyablement les grosses fortunes, leur enlevant plus de la moitié de leur revenu, lord Northcliffe ne cesse de faire face à ce qu'il considère comme une dette sacrée. On murmure bien des histoires sur les souffrances qu'il soulage, les veuves, les orphelins dont il s'occupe. Ce n'est jamais en vain qu'on fait appel à son cœur, à sa justice. Pour les œuvres publiques, et plus encore pour les infortunes privées, il donne généreusement, sans compter. Mais il ne faut point insister : sa main gauche ignore ce que fait la droite...

Avant la guerre. Les campagnes contre le " danger allemand "

Qui se souvient de l'Angleterre d'il y a une quinzaine d'années? Sereinement assoupie dans son rêve pacifiste — que ne put troubler le rapide cauchemar de la guerre sud-africaine — jouissant avec béatitude de son opulence assise, dédaigneuse de l'effort, même pour conserver sa suprématie commerciale, se passionnant exclusivement pour ses matches de *foot-ball* ou ses luttes parlementaires, prospère. orgueilleuse. égoïste peut-être, engourdie à coup sûr, cette Angleterre a vécu. Traversant le Détroit pendant la tourmente, vous avez eu l'étonnant spectacle d'un grand peuple dressé tout entier dans une seule pensée, les muscles et l'âme tendus vers un but unique, gagner la guerre, *win the war*... Effort gigantesque qu'on admira en France sans en comprendre les difficultés ni l'étonnante ampleur, on le dut pour une bonne part au génie de prévision et à l'énergie entraînante de lord Northcliffe.

Toutes les campagnes menées dans ses journaux en font foi. Car s'il n'entre pas dans les détails de leur organisation, il en demeure le génie occulte qui dirige et oriente.

Ses ennemis prétendent qu'il a l'esprit versatile. Pour réfuter cette allégation, il suffit de feuilleter, depuis vingt ans, la collection du *Daily Mail*, d'y lire ses articles, ceux des autres.

Son attitude n'est jamais provocante pour l'Allemagne. Il cherche la paix, non la guerre. Dans un leader du 23 décembre 1909, qui est le type de centaines d'autres articles, on trouve ces paroles suggestives : « Notre désir est d'éviter la guerre. Si, dans ce pays, on veut bien saisir la véritable situation avant qu'il soit trop tard, un grand conflit peut être évité. Si la nation est prête à prendre à temps les mesures nécessaires, à faire à temps les sacrifices indispensables, la paix peut encore être maintenue. Elle ne peut l'être qu'à ce prix. »

Mais dès 1896, le *Daily Mail* souligne le fait que « la note dominante de l'Allemagne moderne est

le militarisme », il avertit l'Angleterre de se défier
de la « brutalité inhérente » du caractère allemand.
Depuis lors, obstinément, inlassablement, avec une
verve mordante et violente, s'appuyant sur les faits
et les événements, appelant à la rescousse pour
des campagnes retentissantes les plus réputés des
écrivains, il signale sans trêve le danger allemand.
En 1897, le plus célèbre de ses envoyés spéciaux,
G. W. Stevens, annonce aux Anglais : « L'Allemagne veut garder les mains libres pour s'occuper
de nous. Pas d'erreur sur ce point. Il est naturel
de déplorer l'inimitié des deux nations, mais l'ignorer est de l'insouciance. Pendant les dix années
qui vont suivre, ayez l'œil fixé sur l'Allemagne. »

C'est ce que fait le *Daily Mail*. A l'heure où le
Kaiser parade et caracole à travers l'Europe sous
ses oripeaux de Lohengrin pacifique, il lui arrache
son masque, expose au plein jour la face de proie,
l'œil arrogant et fourbe, le surin de l'apache caché
dans le gantelet de fer du chevalier. Il appelle
l'attention publique sur les armements et les
crédits gigantesques demandés au Reichstag (en
1898 et 99, par exemple) pour l'armée et la
marine prussiennes, leur accroissement formidable. Il dénonce les théories agressives de Ber-
nhardi et de Treistchke, le monstrueux « la force
c'est le droit » : il dévoile l'enseignement des
Schaffle et des Dalbrucke qui, prodigieusement
influents sur la jeunesse, affirment la haine de
l'Allemagne pour l'Angleterre, sa volonté de l'an-
nihiler dans une lutte prochaine: il publie des
extraits des hommes d'Etat et publicistes allemands révélant leur soif ardente de guerre et de
conquête. Et prévoyant même le viol de la neutralité belge, avertissant le pays qu'il court au dé-

sastre, il le supplie de se préparer, de s'armer, condamne comme surannée la politique d'isolement. Dès 1904, il réclame le service obligatoire.

Quand, dans une heure de généreuse aberration, en 1907, sir H. Campbell-Bannermann propose à l'Allemagne de limiter en même temps que l'Angleterre leurs constructions navales, offre repoussée d'ailleurs avec un dédain brutal; quand, en 1908, au moment où le nouveau projet de vastes crédits pour la marine allemande était voté, Sir John Brunner, au nom du parti de la *Little Navy* que l'on appela le *Suicide Club*, s'oppose aux mêmes crédits en Angleterre, lord Northcliffe pousse le cri d'alarme, il fonce tête baissée contre les utopistes aveugles et sourds à la réalité. Il démontre l'imminence du péril, et qu'une flotte affaiblie vaut moins encore qu'une flotte absente puisqu'elle coûte de l'argent sans donner la sécurité.

Il se met, en 1909, à la tête du mouvement qui réclame la construction de huit dreadnoughts au lieu de quatre et l'emporte sur une résistance obstinée du gouvernement; ces quatre navires furent d'une importance invaluable au début de la guerre. Il seconde avec un enthousiasme virulent la campagne vaine que mena Lord Roberts en faveur du service universel. Lorsqu'en 1911, on affirmait volontiers, de toutes parts, que le parti socialiste allemand empêcherait la guerre : « En Allemagne, écrit-il, le patriotisme l'emporte sur le socialisme. Ne comptez pas sur le socialisme pour empêcher la guerre. » Il supplie les sentimentalistes de ne point ignorer la nature humaine et les lois de l'Univers : « Ce n'est pas vers une ère de paix que s'avance l'Europe. » Il voit ou plutôt il prévoit tout. Il est la vigie impérieuse qui, penchée vers l'avenir, indique opiniâtrément de son bras tendu le péril mortel qui grandit à l'horizon.

En même temps, il ne néglige aucun problème moderne, il stimule l'activité créatrice de l'Angleterre trop riche et un peu amollie. Il reconnaît l'importance de la femme dans le monde des affaires et des lettres, il l'encourage; il fut un des premiers à réclamer pour elle une part d'efforts dans la guerre et à rendre hommage au rôle qu'elle y a joué, en se déclarant en faveur du droit de vote féminin. Devinant que l'Angleterre serait appelée en cas de guerre à se suffire pour la production agricole, il porte toute son attention sur la vie de plein air, favorise la petite culture, le jardinage, accorde des prix de 25.000 francs aux légumes, aux fleurs, pousse au progrès de l'économie domestique et à l'embellissement du foyer par des expositions fréquentes.

Il encourage aussi l'industrie de l'automobile, combattant l'absurde législation qui empêchait les machines de marcher à plus de quatre milles à l'heure. Mais surtout, comprenant l'importance de la quatrième arme dans le conflit mondial, il s'attache à développer l'aviation, à lui donner — et avec quelle énergie! — le coup d'épaule initial. Alors que le gouvernement britannique n'y voyait qu'un jeu, une marotte inutile et un peu ridicule, le *Daily Mail* crée des concours avec des prix somptueux: 250.000 francs pour le vol de Paris à Manchester, 250.000 francs pour faire le tour de la Grande-Bretagne, tous deux gagnés par des Français, MM. Paulhan et Beaumont.

Puis, c'est la traversée du Détroit, effectuée par Blériot, dont le succès frappa si vivement l'imagination populaire, et encore 125.000 francs offerts aux hydroplanes, toute une série de concours qui passionnèrent le monde. Le Gouvernement eût-il obéi aux injonctions répétées de la *Northcliffe Press*, la Grande-Bretagne serait entrée dans la guerre avec un service aérien non seulement capable de la défendre des raids, mais encore de porter l'offensive contre les centres de munitions ennemis. Et si l'aviation britannique occupe le premier rang par la perfection de ses machines, lord Northcliffe a le droit d'en concevoir quelque orgueil. « C'est à lui que sont dus pour la plus grande part la supériorité et la magnificence de notre aviation ! » disait récemment un orateur. Aussi, nommé président du *Air Board*, dès la création du Ministère, M. Lloyd George lui demande-t-il d'en prendre la direction. Le choix était ratifié par le sentiment unanime de la nation. Mais lord Northcliffe crut devoir refuser ce portefeuille.

Le *Daily Mail* désire maintenant appliquer au service de la paix les progrès chèrement achetés pendant la guerre et il vient d'organiser des concours pour la traversée de l'Atlantique.

Pendant la guerre : Pour la victoire et pour la France

Une légende absurde et malfaisante, partie de Berlin, entretenue par nos pacifistes plus ou moins avoués, nos germanophiles honteux, prétend que lord Northcliffe n'a pas toujours été notre ami. Certes, pendant l'incident de Fachoda il prit, avec la vigueur ardente de sa jeunesse, le parti de son pays. Qui peut lui jeter la première pierre ? Nous n'oserions guère exhumer nous-mêmes certaines diatribes injurieuses publiées dans nos feuilles, soit à cette époque, soit au cours de la guerre sud-africaine. Ces temps sont loin. Les nuages à peine dissipés, dès le 6 novembre 1902, on prononce dans le *Daily Mail* le mot d' « entente cordiale ». Lord Northcliffe ne cesse d'y revenir, d'apporter à l'œuvre d'Edouard VII son aide puissante. « Un accord entre la France et l'Angleterre, prétend-il en 1904, peut préserver la paix de l'Europe. » En 1905, quand l'Allemagne se dresse menaçante contre la France : « Une France puissante est une nécessité vitale pour l'Angleterre et pour l'Europe, écrit-il, une agression contre la France serait un coup frappé contre l'Empire britannique et ressenti comme tel par tout le pays » ; « la France peut demeurer certaine qu'à une attaque brutale et sans provocation répondraient l'alliance et l'appui du peuple britannique », dit-il encore. Il ne manque pas une occasion de louer les procédés loyaux et amicaux du gouvernement français envers l'Angleterre, d'assurer la France qu'elle peut compter sur l'aide militaire et navale de la Grande-Bretagne. Il résiste à toutes les intrigues destinées à semer la méfiance et la désunion entre les deux pays, il les dévoile et les stigmatise.

A l'heure d'Agadir, alors que la fourbe Allemagne, prétendant que l'Entente prépare une attaque en traîtrise, commence à mobiliser secrètement, lord Northcliffe la démasque et montre l'Angleterre et la France fraternellement debout, épaule contre épaule, prêtes à répondre ensemble à l'insulte commune.

Et tout à coup la guerre est là, en coup de foudre. Quand l'Allemagne envoie son ultimatum à la France, le gouvernement britannique **hésite** encore. Heures de suprême angoisse qu'aucun Français ne peut évoquer sans frémir...

Alors, tandis que certains grands journaux libéraux qui, par leurs principes tout au moins, auraient dû se rapprocher de nous, réclamaient le maintien de la neutralité : tandis que le 4 août, à l'heure où les masses barbares écrasaient déjà la Belgique, le *Daily News* osait alléguer qu'en restant spectatrice du drame l'Angleterre pourrait « continuer ses relations commerciales avec **les** belligérants, s'emparer de leur commerce **en** marché neutre, rester libre de toute dette, **posséder** des finances vigoureuses », et que le *Daily Chronicle* affirmait que « le conflit ne valait pas les os d'un seul soldat », la *Northcliffe Press*, de ses voix puissantes et indignées, faisait de l'intervention britannique un devoir strict, de la neutralité un crime, — le déshonneur éternel de l'Empire.

— Pour ma part, si nous n'étions pas intervenus — me disait en 1916 lord Northcliffe d'une **voix** encore frémissante — j'avais décidé d'abandonner ce pays, de porter ma fortune en France et **de** m'y faire naturaliser aussi rapidement que le gouvernement français me le permettrait !

Boutade? Qui sait? Le pur patriotisme comme le vrai amour ne veut pas de tache à son idéal.

La Grande-Bretagne, terre du lyrisme, fidèle à ses amitiés, soulevée par le monstrueux attentat commis contre la Belgique, s'élance d'un bond dans la lutte. Mais seule l'élite a compris que l'honneur comme l'intérêt vital du pays lui commandent d'intervenir. La foule reste encore indifférente. Son imagination est lente à s'échauffer. Elle n'est pas comme nous prise à la gorge par l'invasion bru-

tale. Des pas du soudard tudesque foulant et souil-
lant notre sol, elle n'entend que le lointain écho.
Cette guerre lui apparaît, comme tant d'autres,
une guerre continentale.

Les journaux de la *Northcliffe Press* lui en révèlent
l'importance et le péril. Ils mènent le combat quotidien contre l'inertie populaire, l'imprévoyance
des gouvernants, les erreurs et les lenteurs de
l'organisation. Ils parlent au pays avec une franchise brutale et bienfaisante, ne lui célant aucune
faute, aucune erreur, aucun danger. Ils ne cessent
de lutter contre la censure qui ne fait pas confiance
au pays et lui cache la vérité. Sage politique,
autrement génératrice de courage et de foi qu'un
optimisme auquel la réalité apporte son démenti
constant. Ce pessimisme patriotique du *Times* et
du *Daily Mail* a contribué au salut de l'Angleterre.

Ce ne fut pas sans peine. Lord Northcliffe ris-
quait sa fortune et sa popularité. Il n'hésita pas.
Pendant les six premiers mois de la guerre il
s'abstenait de toute critique. Mais l'heure était grave.
Tout à coup il se décide à révéler à l'Angleterre
incrédule que si ses troupes décimées par des pertes
excessives ne remportent pas les succès dus à leur
valeur, c'est qu'il leur manque des canons des
obus, des explosifs et tout le personnel et le maté-
riel nécessaires à leur fabrication. Il ose s'en prendre
à la grande idole nationale, lord Kitchener. Explo-
sion formidable d'indignation. On vient manifester
contre le *Daily Mail*, on se désabonne en masse,
on en brûle publiquement des numéros. La vérité
pourtant finit par éclater. A la colère succède la
stupeur, puis la gratitude.

Les campagnes continuent. Le *Times* et le *Daily
Mail* réclament et obtiennent tour à tour la création

d'un ministère des Munitions, la fabrication des casques, des mitrailleuses, de l'artillerie lourde. Malgré les attaques les plus violentes, ils exigent la loi de conscription, la mobilisation civile de tous les citoyens, hommes et femmes, les restrictions sévères au point de vue des vivres, l'accaparement par l'État de tous les services publics, l'obligation sous toutes ses formes.

Jugeant le ministère de coalition inférieur à sa tâche, lord Northcliffe le poursuit et le traque jusqu'à sa chute. En M. Lloyd George qu'il combattit naguère avec toute sa fougue, il voit « l'homme qui se révèle comme une véritable force dynamique dont chaque once d'énergie est employée à sa tâche immédiate », *the man for the job*. Et l'opinion publique, docile à sa voix, porte d'un seul élan M. Lloyd George au poste suprême. Mais si la *Northcliffe Press* apporte désormais son appui au gouvernement, c'est sans aveuglement. Elle conserve son droit de critique et en use. Elle est impitoyable pour la mollesse et l'incompétence. Elle a obtenu, parmi des tempêtes de protestations et d'injures, la démission ou le changement de poste des ministres, des amiraux, des généraux qu'elle n'estimait pas à la hauteur de leur tâche. Elle a plaidé en faveur de l'élévation de l'âge des soldats en Angleterre, de la rigueur effective de la loi militaire, du *comb-out*, de l'extension du front britannique, de l'unité du commandement interallié qui devait amener une si rapide victoire. Elle menait et continue à mener une campagne violente pour l'*Alien's bill*, qui démasque et désarme les Allemands plus ou moins déguisés pullulant en Angleterre. Et si elle accorde son support au nouveau ministère de coalition, c'est à la condition unique qu'il exécutera son programme de reconstruction.

Si bien que lord Northcliffe a pu écrire du *Daily Mail* : « Ceux qui, chaque matin, se rallient à notre étendard, savent que ce journal est indépendant, même vis-à-vis de ses lecteurs, qu'il n'hésite pas à exprimer des opinions qui, pour un temps, peuvent être extrêmement impopulaires, que peu lui importe d'être boycotté, mis au ban, brûlé, qu'il n'a pas d'autre meule à tourner que celle du bien public, qu'il n'a d'intérêt en aucun politicien, en aucun parti politique, mais que son but unique, en cette tragique période de notre histoire, est : *gagner la guerre!* » Et maintenant il peut ajouter : « gagner une paix digne des sacrifices de la guerre. »

Les missions de lord Northcliffe

Au mois de juin 1917, le gouvernement britannique envoyait lord Northcliffe en Amérique avec le titre de chef de la Mission britannique de guerre (British War Mission aux Etats-Unis. Et M. Bonar Law l'en remerciait publiquement à la Chambre des Communes comme d'un vrai service rendu à la patrie.

Le directeur du *Times* et du *Daily Mail* est étonnamment populaire aux Etats-Unis, plus encore qu'en Grande-Bretagne, car il n'y compte pas d'ennemis. On se plaît à lui reconnaître toutes les qualités qui font les grands Américains. Et on lui sait gré d'aimer, de comprendre l'Amérique, d'y être venu vingt fois, de ne pas ignorer une parcelle de son territoire.

Pendant six mois, il assuma la tâche gigantesque de diriger et de coordonner, en collaboration avec notre haut-commissaire, M. Tardieu, l'œuvre des missions britanniques : il parcourut les Etats-Unis, leur révélant l'effort passé des Alliés, l'importance de l'effort à venir, fouettant leur zèle, les suppliant de consacrer à la guerre toute leur immense puissance industrielle et jusqu'à la dernière once de leur énergie, insistant avec force sur la construction rapide et intense d'aéroplanes et surtout de navires. C'est dans la marine marchande, répétait-il, qu'est la clef de l'intervention américaine, le facteur suprême de la guerre.

Puis, ayant joué son rôle d'excitateur, il revint en Europe. La lettre ouverte à M. Lloyd George, où, tout en refusant le Ministère de l'Aviation, il réclamait l'unité de direction des opérations militaires, la répression de tout élément séditieux, une politique plus rigoureuse vis-à-vis des ennemis naturalisés, la mobilisation de toutes les forces masculines et féminines de l'Angleterre, et le rationnement obligatoire, fut le coup de clairon, bref et sonore, qui annonçait son retour, stimulant de tous les sacrifices, appel à toutes les énergies.

Il emportait des Etats-Unis, avec une profonde admiration pour l'élan d'énergie enthousiaste et féconde, d'origine presque mystique, qui entraînait dans cette croisade lointaine cent millions d'Américains, une confiance totale dans le Président Wilson. « Le Président possède ce qu'il appelle lui-même « un esprit au sentier unique », *a singletrack mind*, a-t-il dit. Sa méthode consiste à ne faire qu'une chose à la fois. Mais il la fait. »

Il revenait aussi avec la conviction qu'il était

urgent, pour les Alliés, de discuter d'un commun
accord et de coordonner les demandes en matières
premières, en vivres, en munitions qu'ils faisaient à
l'Amérique. Et cela afin d'utiliser dans toute leur
étendue la généreuse abondance des ressources
que met à leur disposition la vaste République
d'outre-mer. « Hommes, tonnage, aéroplanes, autos,
acier, cuivre, blé, bestiaux, que sais-je? a-t-il
déclaré, l'Amérique est prête à tout donner. Encore
faut-il qu'elle sache pourquoi, comment et en
quelles quantités... »

— Je vais me battre pour l'unité de contrôle,
avait-il dit en quittant l'Amérique.

Il tint parole. Et cette unité de contrôle naquit,
en effet, de la première grande conférence interalliée qui se tint à Paris en décembre 1917 et à
laquelle il prit part. Nous en avons récolté les prodigieux résultats.

Depuis lors, M. Lloyd George, qui ne désespérait
pas d'associer à son ministère cette force précieuse,
offrit de nouveau un siège à lord Northcliffe, au
Cabinet de guerre, cette fois. Et, de nouveau,
celui-ci refusa. Il tient, par-dessus tout, à conserver
son indépendance et celle de ses journaux.

— Je suis plus utile ainsi, dit-il simplement.

Ses amis n'ont cessé de regretter cette décision.
Peut-être lord Northcliffe voyait-il plus juste et plus
loin : son rôle, un rôle unique au monde, n'est-il
pas d'autant plus important qu'il ne veut aucune
consécration officielle?

Mais, en même temps qu'il restait à Londres le chef
des missions britanniques aux États-Unis, il acceptait,
sans portefeuille, les fonctions de *Directeur de la Propagande en pays ennemis*, pour lesquelles il ne relevait que de M. Lloyd George et du Cabinet de guerre.

Son œuvre considérable et celle de ses collaborateurs y resta secrète. C'est uniquement par les explosions de rage éclatant dans les feuilles austro-germaniques qu'on en put mesurer les effets. Celles-ci accusaient « Northcliffe, prince du mensonge, homme dénué de conscience morale, dont les outils quotidiens sont la fourberie, la brutalité, le cynisme où il est passé maître », elles l'accusaient « d'assassiner l'Allemagne avec des armes empoisonnées ». Elles soulignaient son sourire sardonique lorsque « fomentant la révolution à l'intérieur de l'Autriche, qui est devenue le centre même de son activité », il exaltait et excitait Tchèques, Polonais, Slaves.

« Sont-ce des individus comme Lloyd George, Northcliffe ou Herr Wilson qui peuvent entraîner les peuples ? » s'écriaient comiquement leurs scribes. Puis, après avoir juré qu'ils ne conclueraient jamais la paix avec cette troupe de bandits (il ne faut jurer de rien), ils se lamentent de ne point posséder en Allemagne de pareil propagandiste, ils éclatent en reproches amers et naïfs contre l'inertie de leur gouvernement.

Le Kaiser lui-même reconnaissait la puissance de lord Northcliffe et la redoutait.

Dans le livre de curieux souvenirs qu'a publiés son dentiste américain, M. Arthur Davis, on le voit s'écrier :

— Lloyd George mène l'Angleterre à la ruine. C'est un socialiste et c'est l'agent, le porte-paroles de lord Northcliffe, le véritable maître de l'Angleterre à l'heure actuelle... »

Dans un ordre du jour dénonçant la propagande anglaise en Allemagne, le général Von Hutier stigmatisait pesamment lord Northcliffe,

« le plus fieffé coquin de l'Entente », sous le titre pompeux de « Ministre de la Destruction de la Confiance Germanique ».

Et Hindenburg surenchérissait encore.

Aussi la haine des Allemands croît-elle avec leurs craintes. En Amérique, des policiers ne cessaient d'escorter, malgré lui, le chef de la mission britannique contre lequel se préparaient complots et attentats. En Angleterre, les Tudesques envoyaient des avions, des croiseurs ou des sous-marins bombarder sa maison. Ils frappaient une médaille contre lui ; ils publiaient, sous le nom d'*Anti-Northcliffe Mail* un hebdomadaire en plusieurs langues débordant d'injures et de calomnies, dont les aviateurs ennemis répandaient sans cesse des exemplaires dans les lignes britanniques. Signes indiscutables que la propagande atteignait son but : la bête écumait, elle était touchée. On en eut la preuve plus tôt qu'on ne s'y attendait.

Les idées politiques de lord Northcliffe

Gagner la guerre, telle fut donc la préoccupation constante de lord Northcliffe. Son vigoureux et clairvoyant optimisme, même aux heures les plus sombres, ne douta pas plus de la victoire qu'il n'avait douté de la guerre, ou « des guerres », suivant son expression.

Son regard toutefois ne se bornait pas aux inquiétudes et aux espoirs immédiats de la guerre. Il lui arrivait de s'en détacher pour parcourir les horizons encore brumeux de l'après-guerre, aborder les difficiles problèmes de la reconstruction.

— Northcliffe ? Mais c'est un conservateur ! m'a-t-on dit en France.

Et ceux, en effet, qui n'ont pas fait de son caractère et de sa politique une étude spéciale ont pu s'y méprendre et regretter parfois de voir cette grande force défendre la citadelle désuète du torysme.

Erreur pourtant. Lord Northcliffe, nous l'avons vu, n'appartient à aucun parti. Son esprit est trop vaste pour s'emprisonner dans les étroites limites d'un programme politique. S'il sembla naguère s'allier aux conservateurs, c'est qu'il trouvait en eux l'appui nécessaire aux mesures destinées à éviter ou à combattre le péril grandissant de la guerre. Pas davantage.

Depuis, tout en restant attaché aux traditions qui ont fait la grandeur de l'Angleterre, il a favorisé les réformes démocratiques qu'au milieu de la plus tragique des crises le Parlement britannique a trouvé le temps de discuter et de voter. Il s'est déclaré pour l'*Education Bill*, qui ne fait pas de l'instruction un privilège de la naissance ou de la fortune mais y associe tous les enfants pour le plus grand bien intellectuel du pays; pour la réforme du suffrage qui étend le droit de vote à tous les citoyens, hommes et femmes, puisque tous ont donné leur effort à la guerre. Il envisage comme une question de justice une représentation plus nombreuse du *Labour Party* à la Chambre des Communes. Il lui réserva une colonne quotidienne du *Daily Mail* pendant la période électorale, pour lui permettre de développer son programme. Il prévoit, pour l'heure de la démobilisation, une coopération sur des bases plus équitables du capital et du travail, le retour à la culture, une répartition nouvelle de la terre. Il demande qu'on accorde peu à peu aux peuples unis sous le drapeau de l'Union Jack — l'Inde comme l'Irlande — les droits et les devoirs du *self-government*. Et si les questions de l'Empire l'ont toujours préoccupé, entre l'Impérialisme de Chamberlain, citadelle orgueilleusement dressée à l'écart et au-dessus de l'univers, et celui qui se prépare, généreux, fécond, largement ouvert aux amitiés éprouvées et aux idées neuves, il sait placer toute l'immensité de la guerre. Ce qu'il hait le plus profondément dans le militarisme prussien, c'est son autocratie brutale et stérile. Il veut enfin que, de la victoire si durement achetée, sorte un monde meilleur, une humanité rénovée.

Un des amis de lord Northcliffe, homme éminent lui-même, qui a dirigé avec éclat l'un des plus admirables services de l'armée anglaise, me disait dernièrement :

— Il a été notre salut pendant la guerre, il le sera pour l'après-guerre : c'est notre plus grand homme, le génie constructeur de l'Empire !

Mais par delà les frontières de cet Empire, lord Northcliffe pense encore aux peuples alliés, membres de cette Société des Nations à laquelle nous devrons peut-être l'impossible retour de ce fléau stupide, la guerre. Il pense surtout à la France qu'il a toujours aimée et admirée et dont il s'applique sans cesse depuis quatre ans à exalter les sacrifices et l'héroïsme.

Comme on lui demandait son opinion sur le retour de l'Alsace-Lorraine, il répondit brusquement :

— Cela doit se faire, il le faut, *it must be done!* avec tant d'inflexible violence qu'il fut inutile d'insister.

Par contre, il s'étend volontiers sur l'avenir qui attend nos deux pays après la terrible épreuve.

— Il est essentiel, l'ai-je entendu dire, que la France et l'Angleterre arrivent à une alliance plus intime que jamais. Il le faut parce que la brute prussienne est dure à tuer et peut toujours se relever, il le faut aussi parce que nos qualités se complètent et s'équilibrent. C'est de France que jaillissent toutes les idées neuves et hardies, toutes les grandes inventions. Il en a toujours été, il en sera toujours ainsi. Mais la brillante rapidité de l'esprit français fait qu'à peine cette idée ou cette invention lancées, il néglige trop souvent d'en tirer le fruit et se passionne pour de nouveaux projets. De sorte que ce sont les nations plus commerciales qui en retirent les profits de tous genres. Il y a vingt-deux ans, j'avais à Paris une petite auto de marque française et je félicitais à propos de cette dernière conquête du génie français l'un de mes vieux amis, Parisien sceptique : « Oui, me répondit-il, c'est nous qui avons découvert l'auto ; ce sont les Anglais et les Yankees qui en feront de l'argent. » Cette prophétie ne s'est qu'en partie réalisée. Mais il est certain qu'avec moins de flamme créatrice et plus de lenteur dans la conception, l'Anglo-Saxon l'emporte sur le Français par l'esprit d'organisation, la continuité dans l'effort, la ténacité. Nous avons beaucoup à apprendre les uns des autres... »

Lord Northcliffe est donc partisan d'une cohésion toujours plus étroite entre la France et l'Angleterre, — militaire, navale, commerciale et linguistique. Il croit que de nombreux mariages franco-anglais auraient d'excellents résultats et, en particulier, celui d'écarter ce qui est à son avis le plus grave danger de la France : la dépopulation. Il estime que de chaque côté du Détroit nos enfants devraient parler deux langues : le français et l'anglais. Enfin s'il était autrefois l'adversaire du tunnel sous la Manche, dont la capture aurait pu mettre dans la main prussienne la clef de l'Angleterre, il le préconise à présent aussi bien que le service postal aérien entre Londres et Paris, en attendant celui des voyageurs...

Mais surtout il n'oublie jamais de rappeler la dette contractée envers la France. Ses articles et ses discours en font foi. Plusieurs semaines avant l'intervention des Etats-Unis, il les invitait publiquement à nous prouver leur gratitude historique en nous aidant à ranimer nos industries et à porter l'écrasant fardeau de nos charges financières. Depuis, il ne manque jamais une occasion de défendre nos intérêts économiques. Au cours des discussions et des allocutions si importantes de l'*Imperial War Conference*, à propos du tarif préférentiel accordé aux marchandises des Dominions et des bases nouvelles de la politique économique mondiale, le *Times* et le *Daily Mail* ont su à l'occasion revendiquer des droits que d'aucuns seraient parfois tentés d'oublier. « La prospérité économique de nos alliés, assurait un article du *Daily Mail* est presque aussi importante pour nous que la nôtre propre. »

Et nous pouvons compter sur lord Northcliffe quand se dresseront les problèmes de la reconstruction interalliée ; par exemple, celui de notre marine marchande dont, empêchés par la défense urgente de notre territoire et la mobilisation immédiate de tous nos hommes, nous n'avons même pu réparer les unités alors que, dans les chantiers de constructions navales de la Grande Bretagne et des Etats-Unis se préparent avec fièvre des flottes commerciales formidables.

Des deux frères qui ont lutté et souffert côte à côte, couru les mêmes risques, frôlé la même **mort**, serait-il équitable que l'un, le *boy* en kaki, revînt dans un palais, l'autre, le poilu bleu pâle, dans une maison en ruines ? Lord Northcliffe ne **veut pas** de cette injustice. Il écrivait dans le *Petit Parisien* quelques semaines avant l'armistice :

« Quand un de mes amis anglais me dit : « **Nous** aidons la France », je réponds : C'est vrai, **mais** c'est dans les champs, les fermes, les châteaux et **les** villes de France que nous luttons contre la **brute** : la France est le champ de bataille de la civili- sation...

« Je ne crois pas à l'ingratitude des nations. Elles sont beaucoup plus reconnaissantes que les individus... Les actions individuelles s'oublient ; celles des peuples sont inscrites dans l'histoire et l'histoire qu'enseignent les écoles vit dans le cœur des hommes. Quand on fera le tableau de cet im- mense cataclysme, on constatera que la **dette** contractée envers la France a été acquittée, **et** acquittée au-delà. Mais l'humanité ne pourra **jamais** s'en libérer entièrement. Jamais on ne paiera **à** leur prix ces jeunes vies héroïques offertes **par** tant de Français, ni les souffrances infligées **aux** habitants des provinces envahies.

« Je me permets de prophétiser que tout ce **qui** se pourra compenser le sera largement et **qu'on** s'efforcera de rendre à la France ce qui lui est **dû** des deux mains et de tout cœur... »

A une alliance fondée sur le sentiment le **plus** désintéressé, trempée par la souffrance, **fortifiée** par l'estime, nécessitée par la menace de l'avenir il faut encore et surtout le lien des intérêts com- muns.

Ces paroles émues de lord Northcliffe, l'un des grands constructeurs du monde futur, nous sont un gage précieux que l'on y pensera de l'autre côté du Détroit. Et selon la parole d'un de nos hommes politiques, « ceux que la guerre a unis ne se sépareront pas après la paix, car il y aura entre eux de l'ineffaçable... »

Le Gérant : EDMOND SCHNEIDER.

IMPRIMERIE
ARTISTIQUE
LUX
131, Boul? S! Michel
PARIS
6e

Le Fait de la Semaine

LIBRAIRIE GRASSET, 61, Rue des Saints-Pères

ABONNEMENTS

	France	Étranger
La Série de **25** numéros...	**15** fr.	**20** fr.
La Série de **50** numéros...	**30** fr.	**40** fr.

NUMÉROS PARUS :

I. Jean JAURÈS.

II. Petite histoire politique de l'ANGLETERRE depuis 1914.

III. Ce qu'un Français doit savoir des ÉTATS-UNIS.

IV. L'Œuvre de guerre du Parlement.

V. Ce qu'un Français doit savoir de la MARINE MARCHANDE.

VI. Petite histoire de l'ALLEMAGNE depuis 1914.

VII. Le devoir de l'argent, par Novus.

VIII. La houille blanche.

IX. Perdons-nous la RUSSIE ?

X. Ce qu'un Français doit savoir de l'ITALIE.

XI. LA POLICE, ce qu'elle est, ce qu'elle devrait être.

XII. Les persécutions anti-helléniques en Turquie.

XIII. Le droit des MUTILÉS.

XIV. L'arme économique des alliés.

XV. La Défense de L'ORIENT et le rôle de l'Angleterre.

XVI. L'Esprit de Conquête.

XVII. Le Statut de la Terre.

XVIII. Mémoire du Prince Lichnowski.

XIX. Histoire du CRÉDIT EN FRANCE.

XX. Les Grandes Fourragères.

XXI. Mémoire du Docteur Muehlon.

XXII. Petite Histoire de l'Alsace-Lorraine.

XXIII. Comment fonder une Coopérative.

XXIV. Guide du Réfugié et du Rapatrié.

XXV. Les Sophismes de Paix.

XXVI. Pourquoi les Américains sont venus.

XXVII. Les Régions économiques.

XXVIII. — Les Chemins de fer interalliés.

XXIX. Qu'est-ce qu'une banque.

XXX. Le Contrat de Travail des Mobilisés.

XXXI. Réquisitoire contre l'Allemagne.

XXXII. La Démocratie sociale.

Impr. F. Durand, 18, Rue Séguier, Paris